# Petauros de azúcar

Julie Murray

Abdo
ANIMALES NOCTURNOS
Kids

**abdopublishing.com**

Published by Abdo Kids, a division of ABDO, PO Box 398166, Minneapolis, Minnesota 55439.
Copyright © 2019 by Abdo Consulting Group, Inc. International copyrights reserved in all countries.
No part of this book may be reproduced in any form without written permission from the publisher.

Printed in the United States of America, North Mankato, Minnesota.

052018

092018

THIS BOOK CONTAINS
RECYCLED MATERIALS

Spanish Translators: Telma Frumholtz, Maria Puchol

Photo Credits: Alamy, iStock, Science Source, Shutterstock

Production Contributors: Teddy Borth, Jennie Forsberg, Grace Hansen

Design Contributors: Christina Doffing, Candice Keimig, Dorothy Toth

Library of Congress Control Number: 2018931609

Publisher's Cataloging-in-Publication Data

Names: Murray, Julie, author.

Title: Petauros de azúcar / by Julie Murray.

Other title: Sugar gliders. Spanish

Description: Minneapolis, Minnesota : Abdo Kids, 2019. | Series: Animales nocturnos |
    Includes online resources and index.

Identifiers: ISBN 9781532180187 (lib.bdg.) | ISBN 9781532181047 (ebook)

Subjects: LCSH: Sugar gliders--Juvenile literature. | Nocturnal animals--Juvenile literature. |
    Marsupials--Health--Juvenile literature. | Spanish language materials--Juvenile literature.

Classification: DDC 599.2--dc23

# Contenido

Petauros de azúcar . . .4

Características de los
petauros de azúcar . .22

Glosario . . . . . . . . . . .23

Índice . . . . . . . . . . . . .24

Código Abdo Kids . . .24

## Petauros de azúcar

Los petauros de azúcar viven principalmente en Australia.

Australia

Su **pelaje** es suave. La mayoría son grises. Tienen la panza color crema.

Tienen rayas negras.

Son pequeñas. ¡Sólo pesan cinco onzas (142 gramos)!

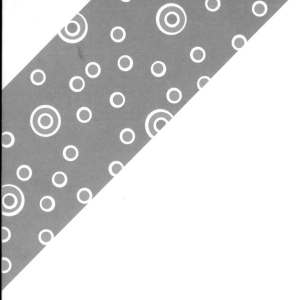

Tienen los ojos grandes. Pueden
ver en la oscuridad.

Hacen nidos en los árboles.

Duermen durante todo el día.

Buscan comida por la noche.

**Planean** de árbol en árbol. ¡Su piel funciona como una cometa!

Tienen la cola larga. Les sirve para guiarse por el aire.

Les gusta lo dulce. Comen savia de los árboles y **néctar**.

# Características de los petauros de azúcar

cola larga

garras afiladas

ojos grandes

raya de la cabeza a la cola

# Glosario

**néctar**
líquido dulce de las plantas.

**pelaje**
pelo corto, fino y suave de algunos animales.

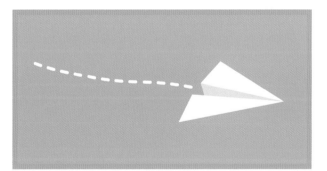

**planear**
vuelo tranquilo, sin motor.

# Índice

Australia 4

cola 18

color 6, 8

comida 14, 20

marcas 8

nido 14

ojos 12

panza 6

pelaje 6

peso 10

planear 16, 18

tamaño 10

**Abdo Kids**
ONLINE
FREE! ONLINE MULTIMEDIA RESOURCES

¡Visita nuestra página **abdokids.com**
y usa este código para tener acceso
a juegos, manualidades, videos y
mucho más!

Código Abdo Kids:
# NSK4077